Francesco Del Romano

DER BLUMENWOLF

Bibliografische Information der Deutschen Nationalbibliothek:
Die Deutsche Nationalbibliothek verzeichnet diese Publikation
in der Deutschen Nationalbibliografie; detaillierte bibliografische
Daten sind im Internet über dnb.dnb.de abrufbar.

© Francesco Del Romano, 2016
Titelgestaltung: Thomas Hubner/Mitglied der Kunstwerkstatt Exit Sozial
Kontakt: E-Mail : francescodr@gmx.at
Herstellung und Verlag:
BoD – Books on Demand, Norderstedt

ISBN -Nr.: 978-3-7412-5617-2

INHALTSVERZEICHNIS

Coming and Going	6
Du bist meinem Herzen nie fern	7
Das dunkle Jahrhundert	8
Allein im All	9
Sie war nicht der letzte Nagel im Holz meines Kreuzes	10
Blühende Getreidefelder	11
Jenseits der Wolken	12
Der Himmel weiß es	14
Vivere, Amare, Soffrire	15
Wie andere Menschen	17
Totes Laub	18
Aufgepeitschte Seelensee	19
Wunderbar rätselhafte Welt	22
Die Anderswelt	24
Der Entschwundene Augenblick	25
Erinnerungen an Ravenna	27
Dialog zwischen Meer und Sohn	28
Zu Ehren des großen Boccaccio	29
Engel mit gebrochenen Flügeln	31
Siehe die Lichter auf dem Flusse	32
Abwesenheit von Zuneigung	34
Erst im nächsten Leben	36
Der Dichter strebt nach Liebe	37
Dauerhafte Brücken emotionaler Verbundenheit	38
Der Mensch, ein Hoffender	39
Auf den Flügeln der Freiheit	40
Wüste der Sinnlosigkeit	41
Wenn die Sonne verstirbt	42
Der Blumenwolf	43
L'immagine della donna ideale	44
Der Regen fiel	45
Reiche Blüte	46
Troppo bella	47

Strandhill, Irland, Weihnachten 2008

COMING AND GOING

Look at this country well,
soon you will leave it.
Keep the best
and forget the rest.
As countries are coming and going
so does the sea,
and the brother, and the lover,
and you and me.
Sitting on the cold stone
at Strandhill's savage seaside
I now well know
every human is just a soft little blow
in the world's eternal come and go.
So I crossed many oceans
and tried lots of potions
but one thing I know now for sure:
Nothing will endure.
I may not be the happiest man,
I may not be the saddest,
I may not be the soundest man,
I may not be the maddest
but there's still a spark inside of me
that's glowing.
I came into this world without knowing,
yet my time has not come for going.

Linz, 24.3.2016

DU BIST MEINEM HERZEN NIE FERN

Dieser Tage geschehen viele ungewöhnliche Dinge,
aber einer Sache bin ich mir gewiss:
Du bist meinem Herzen nie fern.
Dieser Tage geschehen manch ungeheuerlich Dinge,
die Welt ist in Aufruhr.
Manchmal beobachte ich die Menschen,
wie sie rennen, schnaufen, keuchen,
wie sie alle dem Glück hinterherhecheln.
Doch du bist meinem Herzen nie fern.
Wo immer du auch sein magst.
Manchmal fühle ich,
als würden unfassbare Tauben entfliehen
aus einer Seele, die schon müde ist.
Dennoch bist du meinem Herzen nie fern.
Wer kann schon sagen, wie das alles weitergehen wird,
welches Ende diese Welt nehmen wird?
Eines nur kann ich sagen:
Du warst meinem Herzen nie fern.

Linz, 24.8.2015

DAS DUNKLE JAHRHUNDERT

Schwierige Zeiten, unsere Tage fürwahr.
Der bedrohliche Krieg im Orient,
Europa wird gefoltert von der beißenden Unsicherheit,
die sich Tag für Tag erneuert.
Es ist ein bösartiges Schachspiel
diese heutige Weltpolitik.
Ich verstehe nicht mehr, wer Freund, wer Feind,
ich bleibe verwirrt zurück.
Mehr und mehr erscheint mir jeder scheinbar mächtige Herrscher
nur eine wehrlose und verzweifelte Marionette.
Und Länder von antiker Größe wie Ausonia und Hellas
ertrinken in inakzeptablen Konditionen,
es sieht aus, als verlören sie den Lorbeer und den Ölzweig,
in einem Zeitalter, welches eine Schnelligkeit innehat,
mit der sie nicht Schritt halten können.
Dieses Jahrhundert ist voll Schießpulver.
Könnte Europa nach 70 Jahren wiederum in Brand gesteckt werden?
Niemand weiß es noch.
Erneut leben wir in einem dunklen Jahrhundert
und unsere Seelen erkalten zusehends.

ALLEIN IM ALL

Manchmal fühle ich mich,
als wäre ich allein im All.
Niemand an meiner Seite,
der mich auch nur annähernd verstehen könnte.
Jedoch ist dem gewiss nicht so,
sind doch einige Freunde fest an meiner Seite
verblieben.
Darüber hinaus habe ich eine sehr wertvolle Freundin
hinzugewonnen,
deren anregende Gespräche mir sehr heilsam sind.
Gewiss sind wir nicht allein im All,
es mag wohl noch andere höchstintelligente Wesen
in diesem unendlichen All geben.
Vielleicht werden wir einst auf sie stoßen?
Vielleicht sind sie uns wohlgesinnt?
Vielleicht sind sie aber auch bösartig?
Wer kann das schon sagen?
Manchmal fühle ich mich dennoch mutterseelenallein im All
trotz dieser Vielzahl an Menschen, Tieren, Pflanzen und Außerirdischen.
Allein schwebt meine Seele durch dieses unfassbar grenzenlose All.
Es ist ein großes Paradoxon:
Inmitten Milliarden von Seelen
fühlt sich meine Seele doch einsam und verlassen.
Ich mag nicht der Einzige sein, dem es so ergeht.
Vielen erging es so, ergeht es so
und wird es so ergehen,
solange das All Bestand hat.

Linz, 17.4.2015

SIE WAR NICHT DER LETZTE NAGEL
IM HOLZ MEINES KREUZES

Sie war nicht der letzte Nagel im Holz meines Kreuzes.
Dieser Kreuzweg wird noch von langer Dauer sein.
Und eigentlich sind wir in dieser Welt alle nur Fremde.
Auch mir sind die menschlichen Rituale zuweilen unangenehm.
Ich bin nicht derjenige, der auf vielen Hochzeiten tanzt,
hätte lieber einfach nur Ruhe und Frieden.
Der Mensch konstruierte eine Welt aus vielzählig Traditionen und Ritualen
und verliert sich bisweilen in diesem moralischen Labyrinth.
Wir konstruierten eine Welt, die vielen von uns missfällt.
Dieser gigantische Wolkenkratzer, erbaut durch unsere Geister,
droht einzustürzen.
Die Menschheit ihres eigenen Bewusstseins
und des göttlichen Elementes beraubt,
strampelt in unruhigen Gewässern
und droht zusehends zu versinken.
Sie war nicht der letzte Nagel im Holz meines Kreuzes,
der Kreuzweg muss zu Ende gegangen werden.

Linz, 30.11.2015

BLÜHENDE GETREIDEFELDER

Ich befinde mich nicht am Ort meiner Bestimmung.
Den größten Teil meines Lebens verbringe ich nicht am Ort meiner Bestimmung.
Da scheint irgendetwas schief zu laufen...
Doch auch in der Seelenheimat verbrachte ich schlechte Zeiten.
Für Blumenwölfe ist es wahrlich nicht einfach auf diesem Weltenrund.
Doch meine Asche, sie soll sich einst mit Terra Rossa vermengen.
Dies ist mein Wille, dies wird geschehen.
Kann ich schon nicht zu Lebzeiten im goldenen Ausonien weilen,
so soll ich im Tode für immer mit dieser Erde vermählt sein.
Der ehemals so treue Weggefährte, der mich sicher aus
dem tridentinischen Engpass lotste, er scheint dahin,
ich fürchte für immer.
So teilen sich die Wege im Leben des Menschen,
wir gehen ein Stück Weges mit einem Freund,
bis sich schließlich an des Lebens großen Weggabelungen
unsere Wege scheiden.
Es ist nicht traurig, weil es vielmehr natürlich ist.
Der Schmerz des Abschieds, er mag da sein,
doch jeder Abschied ein Neubeginn.
Jeder Tod des Weizenkorns bedeutet
blühende Getreidefelder.

JENSEITS DER WOLKEN

Hier auf meinem Balkon sitze
und wundre ich mich,
welch Länder wohl
sein müssen
jenseits der Wolken.
Diese leuchtenden Strahlen
ziehen mich in die Höhe,
Boten eines besseren Lebens,
jenseits von Gut und Böse.
Eine himmlische Erde
stelle ich mir vor,
fern irdischer Schmerzen und
Leidenschaften,
jenseits gebrochener Herzen und
bitterer Tränen.
Kommet, majestätische Sonnenrosse,
und tragt mich fort aus meiner
irdischen Misere
in jene Felder ewigen Ruhmes.
Mein erschöpfter Geist
begehrt sich zu erheben
in jene luftigen Höhen,
fernab dieser niederen Sphäre,
wo er nie nur einen Moment
von Frieden zu finden vermag.
Hier in diesen irdischen Niederungen,
in denen jedes weibliche Lächeln

von Engelslippen am Ende
doch nur bitterer Betrug.
Hier unten in jenen unseligen Ländern,
wo man für einen Atemzug Glück
mit einem Jahrhundert Mühsal
bezahlen muss.
Jenseits der Wolken,
dort wünsche ich zu leben,
ein besseres Leben.

Salzburg, 4.10.2012

DER HIMMEL WEISS ES

Nebel lag überm Land.
Nebel wallte überm Wallersee.
Der Herbst zieht ins Land.
Herbst in meine Seele.
Alles stirbt und erwacht doch
zu neuem Leben.
Eine neue Blüte auch für mich.
Der Zug meines Lebens trägt mich nach Salzburg.
Nun sitze ich an der Salzach,
auch sie fließt weiter
 - wie der Fluss meines Lebens.
Unglaublich, wahrhaft unbegreiflich,
dass ich immer noch hier bin.
Wie lange noch?
Der Himmel weiß es.

VIVERE, AMARE, SOFFRIRE

Tutt'è vanità.
Perché per me non è possibile
assaggiare una goccia d'amore
in questa terra vana e distruttiva?
Ecco l'uomo!
È un povero, povero spirito, povera anima.
È niente, ma un lupo solitario affamato d'amore.
Non chiedere il senso! Nessuno lo sa.
Non c'è il senso assoluto,
ognuno tiene il suo,
il mio è nella poesia,
peccato, qualcuno non ha perfino questo.
 Un nonnulla di tenerezza, di contatto,
un nonnulla di sentimento, di calore.
L'assuefazione di toccarti,
quale droga! una droga che mi rende malinconico.
Che gioia! Che desio! Che dolore! Che orrore!
Ieri mi sono gettato ne' prati verdi in fiore ed
ho pianto fortissimamente per
averti persa.
Il mondo mi pareva scolorato, sfortunato, sbagliato.
Prima sono volato fin alle altissime nuvolette e
dopo sono caduto nella polvere, simbolo della vanità
d'ogn'essere mortale.
Dove si nasconde il senso in questo mondo crudele?
Il tuo rigetto era
un taglio di spada attraverso il mio cuore.

Non è possibile per me di bere
uno scintillio di fortuna
in questo mondo insalvabile?
Ora è chiarissimo: Devo lasciar seppellito
il mio dolore in questo paese ed
andar in Italia.
In questa terra antica, terra fertile d'arte poetica.
In questa antica terra romana, dalla quale
cantano i poeti che era così meravigliosa
camminando nella vigna romagnola che non ho voluto
partire d'ella mai più.

WIE ANDERE MENSCHEN

Wie gerne würde ich durch's Leben gehen wie andere Menschen
-ohne Wolf, ohne Schwert, ohne Richter.
Doch diese Freude bleibt mir verwehrt.
Ich bin des Leidens überdrüssig
doch eine Besserung ist nicht in Aussicht.
Die unbeantworteten Fragen
schwirren beständig
durch meinen Geist.
Es scheint mir oft, als wüsste ich nicht mehr,
ob ich Frau oder Mann bin,
ob Siegfried, ob Hagen.
Wenn nur diese qualvoll Unsicherheit nicht wäre!
Es scheint mir oft, als fehle mir zu einem Cortés
nur Mexico.
Gott, schenk mir nur einen Augenblick des Aufatmens,
und alles würde sich zum Guten wenden.

TOTES LAUB

Langsam befreit sich die Erde
von der Last ihrer Schneedecke.
Die Erde! Wie fühle ich mich zu ihr hingezogen!
Sonnenstrahlen trinken vom weißen Schnee,
befreien so die Erde aus ihrem Winterschlaf.
Die Erde! Sie erstrahlt in warmem Hellbraun,
braun auch die Blätter, die die Erde säumen,
doch von dunklerer Schattierung,.
Feine Äderchen auf jedem Blatt erkennbar,
beinahe erinnern sie an menschliche Adern.
Tiefe Symbolik verborgen in totem Laub.
Sinnbild von Werden und Vergehen,
Blüte, Verwelkung, Tod.
Erstrahlt es in sommerlicher Hitze in saftigem Grün,
so verfärbt es sich im Herbst zu diesem satten Braun.
Ein tiefgründiges Braun, getränkt von Melancholie.
Welch reine natürliche Farbe, wie die Erde, nur dunkler.
Totes Laub erzählt die alte Geschichte von Leben und Tod,
Zenit und Niedergang, Fruchtbarkeit und Vergänglichkeit.
Welch endlose Schwere liegt in diesem Farbton!
So alt, so bedeutsam wie die Erde selbst,
für den Menschen das tote Laub.

AUFGEPEITSCHTE SEELENSEE

Ein Unwetter tobt,
außerhalb der Pforte
meines Fensters und
in meiner Seele.
Ein Unwetter tobte,
als wir uns näher kamen,
einige Tage zuvor.
Wie viele Unwetter wüteten
auf der Irrfahrt,
die mein Leben bedeutet?
In wie vielen Irrgärten
verirrte ich mich,
auf der Irrfahrt,
die mein Leben bedeutet?
Ja, es gab viele Unwetter
auf dem Pfad meines Lebens,
jenes letzthin mit dir
zählt zu den schrecklichsten
und schönsten.
Meine Seele, aufgewühlt
wie die sturmgepeitschte See,
aufgewühlt wie ein Ameisenstaat,
in den der Mensch Gift geschüttet.
So ist nun deine lieblich Stimme
Gift und Heilmittel zugleich.
Du wecktest die Liebe,
die in meinem Herzen geschlafen,

seit tausend Jahren Einsamkeit.
Warst ein surrealer Traum
von Zärtlichkeit,
warst der lebensspendende Regen,
der fiel,
auf ausgetrocknete Erde.
Wie oft wurde diese Seele weggestoßen,
in die furchtbare Schlucht der Vergessenheit
geworfen
auf der Irrfahrt,
die mein Leben bedeutet?
Ja, ich habe dir Unrecht getan,
meine glühenden Umarmungen
gefielen nur einem Teil deiner Seele.
Der andere sträubte sich dagegen,
war erfasst von Unsicherheit,
verunsichert durch Gewissensstiche.
Hast du auch einen Geliebten,
so sagtest du mir doch,
du liebtest ihn nicht.
Dich zu verstehen
scheint beinah unmöglich.
Dich zu erobern
wie eine uneinnehmbare Festung
mit wehrhaften Mauern
zu stürmen.
Einmal sagtest du gar,

du wolltest sogar in meine Träume eindringen.
Ein anderes Mal hingegen,
niemand könnte so schön sprechen wie ich.
Ein drittes Mal wolltest du mit mir baden
im Flusse.
Vergessen, ja vergessen kann ich dich nicht,
du hast deinen Stempel auf meine Seele
gedrückt.
Gedrückt, ja gedrückt habe ich dich,
mit all meiner Liebe und Kraft.
Nicht allein auf dich fällt die Schuld
unserer Misere.
Zu einem guten Teil
liegt sie auf meiner Seite.
Könntest du mir jemals verzeihen?
Könnten wir jemals wieder unsere Arme
umeinander schlingen?
Es gäbe keine glücklichere Empfindung
für mich, oh, ich hoffe: für dich.

WUNDERBAR RÄTSELHAFTE WELT

Mir gefällt dies Land, bedeckt von Heu.
Wie heilsam ist dieser Duft!
Die Lilien bringen die Erinnerung
an eine gewisse Stadt.

Heilung verbirgt sich
im Gebüsch
und schläft
unter dem Felde.

Es gibt edle Worte,
jene nämlich, die die Seele streicheln,
geschrieben in die Erde, auf die Berge, auf die Bäume.

Die Poesie steht schon in die Natur eingeschrieben,
man muss sie nur aus ihr herausziehen
und in menschliche Sprache verwandeln.

Das Schicksal steht schon in den Sternen geschrieben.
Obwohl unser Leben manchmal ungerecht zu sein scheint,
so ist doch alles richtig, so wie es ist.

Es gibt etwas, das größer ist als der Mensch.
Obwohl ich nicht weiß, wie dieses Etwas heißt,
so weiß ich doch, dass es existiert.
Dadurch fällt ein wenig Last
von meinen erschöpften Schultern.

Der größte Mensch ist ein Zwerg,
gegen das Universum.
Mögen wir uns dessen immer entsinnen.

Gut und Böse, Tod und Leben.
Welt von Gegensätzen,
unerklärliche Welt.
Trotzdem ist alles richtig, so wie es ist.
Es gibt keinen Zufall.

DIE ANDERSWELT

Der ewige Schnee fällt erneut vom Himmel,
mit dem Schnee kommt die Melancholie.
Wacholdersträucher, von Schnee überzogen,
strecken ihre Finger dem Himmel entgegen.
Verstreute Häuser wirken surreal,
wie einem Wintermärchen entsprungen.
Irgendwo in den endlosen Weiten Sibiriens,
ein Dorf inmitten des Niemandslandes.
Die Landschaft erscheint unpersönlich und fremdartig.
Der Himmel weit und weiß wie der Schnee,
die Bäume wie aus einer alten, keltischen Sage,
scheinen einen Zauberwald zu bilden,
bevölkert von wundersamen Wesen,
erfüllt vom Harfenspiel keltischer Barden.
Wilde Beeren wuchern hier dahin,
Liebende treffen sich im tiefen Geäst des Waldes.
Zeit und Raum sind hier fremde Dimensionen,
hier spricht der Druide mit dem Baum,
der Fuchs unterhält sich mit dem Raben.
Hier regiert niemand und jeder.
Diese Anderswelt kennt keine Unfreiheit.
Wie schön wäre es doch, einige Zeit hier zu verweilen!
Abseits unserer schlichten und nüchternen Welt.

DER ENTSCHWUNDENE AUGENBLICK

Die Eine entschwunden,
die Andere unauffindbar.
Ein weiterer Faustschlag des Schicksals,
wie ist doch grausam das Schicksal!
Ich rauche eine Zigarette
und der Rauch klettert langsam
meine Lippen hoch,
verschwindet wie die Frauen.
Die Frauen! Sie ziehen an mir vorbei,
eine nach der andren wie flüchtige Wolken,
gleiten durch meine Hände
wie Sand.
Tausendeinhundertelf Frauen habe ich getroffen,
bevor ich dich traf.
Du jedoch bist schön wie das Morgenrot
und geheimnisvoll wie die Abenddämmerung.
Dein Lächeln verzaubert mich,
deine Stimme durchtränkt mich,
macht mich betrunken wie der Wein.
Erinnerst du dich nicht an meine Zärtlichkeiten?
Sind denn in Vergessenheit gefallen meine Weisheiten?
Wo ist jener unvergessliche Moment,
als wir tranken,
als wir kosteten
den Tropfen edel

wie deine Seele?
Als ich getrunken vom Wein,
jenem, der auch deine Lippen gestreichelt,
wähnte ich mich wahrhaft glücklich.
Warum müssen die schönsten Momente
am schnellsten entschwinden?
Jene Augenblicke, die aufzuwiegen scheinen
all die schwere Mühsal meines Lebens.

ERINNERUNGEN AN RAVENNA

Ich bewundere das Grabmal
des großen Poeten des Dolce Stil Novo.
Edle Frauen, ich sehe sie überall,
aber meine Allersüßeste, wo ist sie?
Fröhliches Volk auf allen Straßen,
historische Bedeutungsschwere
in jedem Bauwerk.
So fühle ich mich also leicht
und gleichsam schwer.
In der Bibliothek kein Buch von Boccaccio,
Dante und wieder Dante.
Majestätische Palazzi glühen rötlich aus dem Häuserwald,
die edelsten Pinien züngeln in die Höhe
wie Flammen von blühenden Gärten.
Während das Sonnenlicht auf dem Meer erglänzt,
ist das Gesicht des Poeten schon totenbleich,
seine göttlichen Verse jedoch immer noch voll Wärme.
Dieses Land stand in meine Seele eingeschrieben,
bevor ich geboren wurde.
Als ich es verlassen muss,
bewahrheitet sich der Sinnspruch:
Abschied nehmen ist ein bisschen wie Sterben.

Nizza, 14.03.08

DIALOG ZWISCHEN MEER UND SOHN

Hier am Meer sitze ich
und dieses spricht zu mir:
„Sorge dich um nichts,
ich werde auch morgen noch hier sein."
„Für mich sind deine Schmerzen lächerlich."
„Gib mir deine Sorgen, ich verschlinge sie alle."
„Meer, warum bist du so geduldig?"
„Du warst schon beim Morgengrauen der Erde
und bist auch noch heute."
„Ich bin mit den Sternen geboren und
werde nur mit der Sonne erlöschen,
für mich ist Zeit ohne Bedeutung."
Somit werde ich mir bewusst:
Kinder des Meeres sind wir alle und
daher erfüllt uns tiefe Sehnsucht
zu ihm zurückzukehren.
Mit dieser urewigen Macht
sind wir unweigerlich verbunden,
es ist ein Element, das wir in uns tragen
und jedes Mal, wenn wir ihm begegnen,
hallen seine Wellen
in den Untiefen unserer Seele wider.

ZU EHREN DES GROSSEN BOCCACCIO

1313 erblickte Giovanni Boccaccio in Florenz das Licht der Welt.
Seine Kindheit verbrachte der Kaufmannssohn denn auch in Florenz
und im vierzehnten Lebensjahr kam er nach Neapel, um sich in einer
Filiale der Compagnia dei Bardi in kaufmännischem Berufe zu üben.
Die neapolitanische Zeit sollte maßgebend werden für die schriftstellerische
Entwicklung des Dichters.
Am Hofe Roberts von Anjou lernte er den höfischen Lebensstil kennen
und eignete sich in Eigenregie eine umfassende Bildung an.
Erste lyrische und prosaische Werke fallen in diese Zeit,
Boccaccio experimentiert mit verschiedenen Stilen.
Dem Zeitgeist folgend erschuf er die ideale Geliebte, namens Fiammetta.
Deren Vorbild ist angeblich eine neapolitanische Adelige genannt Maria d'Aquino.

1340 findet die Rückkehr nach Florenz statt und Giovanni tritt aus einem
finanziellen Engpass heraus und in den Staatsdienst ein.
Zwischen 1345 und 1346 hielt er sich am Hof des Ostasio da
Polenta zu Ravenna auf.
Im nächsten Jahre befand er sich hingegen bei Francesco Ordelaffi in Forlì.
Als sehr fruchtbar für seine literarische Tätigkeit sollte sich das bürgerlich-
städtische Umfeld erweisen, sein schriftstellerisches Schaffen gipfelt in seinem
Meisterwerk Decamerone, welches er in den Jahren nach der Pestepidemie von
1348 schrieb.

1350 traf Boccaccio auf Petrarca, eine tiefe Freundschaft sollte entstehen,
die Verehrung klassischer Autoren war ihnen gemein und sie tauschten sich über
literarische Erfahrungen aus.

Giovannis Ruhm stieg kontinuierlich und so wurde er von der florentinischen Stadtverwaltung mit diversen diplomatischen Aufträgen betraut und ging deswegen oftmals auf Reisen.
In dieser Zeit widmete sich Boccaccio dem Studium der antiken Autoren. Boccaccio erhielt freien Zugang zur Bibliothek von Montecassino, wo sich viele klassische Werke befanden, dort schrieb er auch so manch Codex händisch ab.

Der Dichter begann sich um 1360 mit der griechischen Sprache auseinanderzusetzen und brachte es zustande, den ersten Lehrstuhl für dieses Idiom in Florenz einrichten zu lassen.
Auf der Suche war er nach dem rechten Glauben und wollte gar einige seiner Werke verbrennen doch Petrarca konnte ihn davon abhalten, Gott sei's gedankt!
Der Mönch Gioachino Cianni schließlich bekehrte Boccaccio zu frommem Leben.
1373 beauftragte ihn die Stadt Florenz damit, Vorträge über die Divina Commedia zu halten und diese zu kommentieren, eine Tätigkeit, die er aber aufgrund einer Krankheit, genannt Hydropsie, bei der sich die Bauchhöhle mit Wasser füllt, abbrechen musste.

Seinen Lebensabend verbrachte Boccaccio in Certaldo, dort führte er sein Werk fort.
Am 21. Dezember 1375 starb der große Dichter.

ENGEL MIT GEBROCHENEN FLÜGELN

Ich sitze an irgendeinem Ort
im alten Latium und
warte auf den Autobus,
der mich fort tragen soll,
nach Rom.
Die Geliebte schon ein ferner Traum
einer weitab liegenden magischen
imaginären Zauberwelt.
Kaum ist eine Woche vergangen seit
dieser Engelsnacht, doch
es erscheint mir, als läge es schon
hundert Jahre zurück.
Die Liebe ist ein freudvolles und
gefährliches Spiel.
Rossella, du musstest
auf einem anderen Stern
geboren sein.
Rossella, in deinen Armen
fühlt´ ich mich warm und sicher.
Nun fern deiner Zärtlichkeiten,
nun der warmen Sicherheit beraubt,
verlängert sich mein Pfad,
zuerst über weiche Rosenblätter,
jetzt bleiben nur Dornen,
der Weg ist wieder schmerzhaft.
In jener Nacht war die Liebe hier
und hierher kommen die Engel nicht.

SIEHE DIE LICHTER AUF DEM FLUSSE

Als ich diese Schönheit erblickt,
wusst´ ich nicht, wo ich größeren Reichtum finden könnt´.
Schwere Seufzer entschweben meinem Herzen,
niemals erlebt´ ich stärkere Schmerzen.

Während ich am Arnoufer entlang spaziere,
beobachte ich die malerische Stadt mit Namen Florenz,
eine Stadt, die von alter Macht kündet.

Hier bin ich nun, endlich, ich kann's noch immer nicht glauben!
Welch antike Harmonie! Welch lärmender Friede!
Stadt, einem Roman entsprungen
von Gabriele D'Annunzio.

Es fließt eine heitere Schwermut
durch den Arno und durch mich.
Es verbindet uns ein angenehmer Schmerz,
die ersehnte Sizilianerin und mich.

In demselben Maße wie ich mich glücklich wähne,
spüre ich mein Herz bluten
um die entschwundene Beatrice.

Ach, wie hoffe ich, ich könnte dich sehen,
einsam sitzend beim Ufer des flüsternden Flusses.
O unnütz' Gedanken!

Während sich das Dämmerlicht auf den Himmel zeichnet
und auf die alten Häuser verstreut im florentinischen Umland,
irre ich durch die Pinienallee, die den Horizont berührt.

Ich betrachte die Erde, die blutet wie mein Herz,
ich höre eine Melodie tief in meiner Seele,
die von der Liebe singt.

Siehe die Schwalben!
Vielleicht trägt eine von ihnen
eine Botschaft im Schnabel,
von deiner Hand geschrieben.

Siehe die Lichter auf dem Flusse!
Sie scheinen Feuerzungen zu sein,
deinem Herzen entsprungen,
um mich deiner zu erinnern.

ABWESENHEIT VON ZUNEIGUNG

Ich verbringe viele Nächte in Einsamkeit
und viele Tage in müßiger Suche nach Zuneigung.
Auf mein Leben zurückblickend kann ich kaum glauben,
durch welch Labyrinthe ich geirrt, und
noch weniger, dass ich aus ihnen lebend herausgekommen.
Ich wundere mich in besonderem Maße,
welch absurde Clowns und böswillige Scharlatane
meine Wege gekreuzt.
Aber die schlimmste Krankheit dieser Welt
scheint mir die Abwesenheit von Liebe.
Wie viele sehnen sich danach, doch schämen sich
es zuzugeben!
Mit Sicherheit bin ich nicht der einzige Mensch,
der unter fehlender Zuneigung
leidet.
Im Gegenteil, sehr viele Menschen
sehnen sich nach einer warmen Umarmung,
jemand, der an ihrer Seite stünde.
Wir alle sind zu sehr gefangen in unseren eigenen Mikrokosmen
und machen das Universum nicht aus,
genannt Menschheit,
an dem wir alle teilhaben.
Ein rutschiger und beschwerlich Weg, die Liebe zu finden,
in einem Land von Egozentrikern, und
ich sage nicht,
ich würde eine Ausnahme bilden.
Alle wollen wir geliebt werden. -

Doch wieviel Liebe sind wir bereit zu geben?
Müde bin ich wahrhaft all dieser hochmütigen Persönlichkeiten,
die nur in den Himmel gelobt werden möchten
oder in ihren dunklen Augenblicken nach Mitleid schreien.
Wäre die Schuldigkeit jedoch an ihnen
den anderen zu vergüten für seine Zuneigung,
finden sie doch nur Verachtung.
Nie mehr will ich einer derartigen Frau vertrauen,
wie es mir mit jener Säerin von Zwietracht geschehen.
Oh, hätte ich sie nie getroffen!
Wieviel glücklicher wäre ich nun!
Jenen Pyrrhussieg hätte ich mir ersparen können,
wäre ich nur ein wenig weniger naiv gewesen.
Das Gold des Kyros könnte mir nicht rückvergüten
die Beschädigung, die ich durch sie erhalten.
Tausendundeine Nacht haben sich
in tausendundeinen Albtraum verwandelt.
Durch sie.

ERST IM NÄCHSTEN LEBEN

Mord und Totschlag,
das war schon seit Menschengedenken
des Menschen Metier.
Aphrodite mit blutigem Dolch
zieht sich durch die Menschheitsgeschichte
wie ein roter Faden.
Kann diese Brutalität
denn niemals ein Ende nehmen?
Sex und Gewalt
- was haben sie eigentlich miteinander zu tun?
Vielleicht entsteht aus dem Einen das Leben
und es endet durch das Andere.
Auch kann man sich vorstellen, dass in früheren Tagen
der Ritter zum Schwerte griff,
um zu demonstrieren, dass seine Angebetete
ihm gehöre.
Ja, ich wünsche mir eine bessere Welt,
kommen wird sie aber, wenn überhaupt,
erst im nächsten Leben.

Epistole dall´Ospedale Parte II, 5.2.2016

DER DICHTER STREBT NACH LIEBE

So strebt der Dichter, so strebt der Mensch beständig unbändig nach Liebe.
Doch sein Flehen wird nur selten erwidert.
Wie können wir nur unser Leben von Anderen derart determinieren lassen?
Dieses Spiel ermüdet, kostet eine Menge Nerven
und wird selten mit Liebe entlohnt.
Der Mensch, aber vor allem der Dichter, ist süchtig nach Liebe.
Diese Sucht will und will nicht gestillt werden.
Tragisch fürwahr.
Vielleicht sollten wir uns doch auf den Weg begeben,
eine höhere Macht zu suchen.
Vielleicht gibt es auf dieser Erde kein harmonisches Liebesglück,
zumindest keines, das von Dauer ist.
Die höhere Macht würde uns konditionslos lieben.
Im Gegensatz zu unseren irdischen Genossen.
Wie oft hab ich es versucht! Wie oft bin ich gescheitert!
Der Schmerz, er sitzt tief.
Das Vertrauen, es ist dahin, wie der Jännerwind.
Und doch, vielleicht sollte ich es immer wieder versuchen,
solange ich lebe.
Ich sehne mich so sehr nach Liebe und Zärtlichkeiten.
Sie müssten doch irgendwann ihre Erfüllung finden.

Linz, 9.8.2015

DAUERHAFTE BRÜCKEN
EMOTIONALER VERBUNDENHEIT

Ach! Allzu oft ließ ich mich blenden durch äußerliche Schönheit.
Und vergaß auf essentielle innere Werte.
Warum bin ich so?
Warum sind viele Menschen so?
Vielleicht, weil es vordergründig der einfachere Weg ist.
Doch die äußerliche Ästhetik wertlos,
solange tief im Herzen kein ewiges Lebensfeuer brennt.
Schnelle Befriedigung will der Mensch oftmals erlangen,
im Gefängnis seiner Lüste gefangen.
Doch Lust und erotische Liebe, sie verbleichen in Windeseile.
Zurück bleibt das Herz, bleibt die Seele.
Diese können dauerhafte Brücken emotionaler Verbundenheit
zu einem menschlichen Gegenüber errichten.

Linz, 3.5.2015

DER MENSCH, EIN HOFFENDER

Und so ist der Mensch also ein beständig Hoffender.
Heute haben zwei anmutige Signorelle aus Ausonia meine Wege gekreuzt.
Ich verbleibe, die Glut der Hoffnung in meiner rastlosen Dichterseele.
Viele Menschen hätten es gut gemeint oder meinen es tatsächlich gut mit mir.
So auch der Ammiratore meiner Schwester,
guten Willens versucht er mir Mut zuzusprechen
und in ihm spiegeln sich wider die Seelen
meiner Mutter, meines Vaters, meiner Brüder, meiner Schwester und vieler Freunde.
Oftmals versetzt es mich in höchstes Erstaunen,
wie sehr ein einzelner Mensch
andere Individuen in Mitleidenschaft zu ziehen vermag.
Doch ich bin des Dankes voll.
Dank schulde ich Menschen wie Gabor und meiner Schwester
für ihre unermüdlichen Bemühungen,
meinem Leben ein wenig neuen Glanz zu verleihen.
Und Menschen wie die Ausonierin lassen mich verbleiben,
als Hoffenden.

AUF DEN FLÜGELN DER FREIHEIT

Zeit ist es, dieser Unterjochung ein Ende zu setzen.
Ich muss rebellieren gegen die Malispiriti,
die meine Seele knechten.
Wie im Kleinen so auch im Großen:
Nationen schreien auf,
die letzte Stunde hat geschlagen
für Tyrannen und Despoten.
Die Welt ist alt geworden,
und viele Dinge sind überholt.
Auf! Ihr Völker,
setzt dem sinnlosen Blutvergießen
ein Ende !
Auf den Flügeln der Freiheit
werden wir einer neuen Aurora entgegengleiten.

Linz, 21.1.2016

WÜSTE DER SINNLOSIGKEIT

Die Welt und die Menschen, sie sind unbarmherzig.
Soviel habe ich mitbekommen, soviel steht fest.
Niemand schenkt dir etwas, alles muss hart erarbeitet werden.
Oftmals befand ich mich inmitten der Wüste der Sinnlosigkeit oder
auf dem Ozean der Verzweiflung.
Von Gewalttaten hat mir heute jemand erzählt,
es klingt grausam, es muss unbeschreiblich weh tun.
Ich frage mich, wie viele Dolchstiche ein menschlich Herz
zu ertragen vermag.
Bei so viel Brutalität muss ich meiner Familie und meinen Freunden danken,
dass sie mir andere Emotionen zu vermitteln vermögen.
Eigentlich ist mein Umfeld heil, eigentlich kann ich mich nicht beklagen.
Es gibt weitaus Schlimmeres - in dieser erbarmungslosen Welt.
Sind es meine ureigenen Gedanken oder oft auch nur fremde Stimmen?
Was auch immer es sei, es befördert mich wieder und wieder in die Wüste der Sinnlosigkeit,
auf den Ozean der Verzweiflung.
Doch vielleicht müsste ich mich gar nicht an diesen unheilvollen Orten befinden,
wenn ich nur etwas mehr Dankbarkeit an den Tag legen könnte,
vielleicht sogar könnte ich ein glückliches und zufriedenes Leben führen,
wer weiß?
Die Möglichkeit, sie mag bestehen.

Linz, 19.8.2015

WENN DIE SONNE VERSTIRBT

Ich würde gern so viele Dinge in diesem Leben noch tun.
Doch es wäre alles egal,
wenn die Sonne verstirbt.
Manche Politiker würden so gern die Menschheit vernichten.
Es wäre alles gleich, wenn die Sonne verstirbt.
Ich wünschte mir so sehr, dass Italiens Einheit erhalten bliebe.
Doch es wäre alles egal,
wenn die Sonne verstirbt.
All diese Kriege und all diese Verbrechen unserer Zeit,
alles Trachten, Sehnen, Hoffen des Menschen,
es wäre wahrhaft egal, wenn die Sonne verstirbt.
Ich würde allzu gern küssen meine auserwählte Nobildonna,
doch ich muss mich beeilen,
denn es würde nicht gelingen,
wenn die Sonne verstirbt.
Ich sah die Welt, ich sah den Menschen und ich denke sagen zu können,
dass ich beide durchschaut habe.
Was ich gesehen, hat mich nicht entzückt, wahrhaft nicht.
Hinter dem Gelde ist der Mensch her wie der Löwe hinter dem Fraße.
Frauen in glitzernden Gewändern bekommen im Casino glänzende Augen,
wenn die verfluchten Schuldscheine auf den Tisch geblättert werden.
Ach! Es ödet mich an.
Geld habe ich nicht, noch genieße ich Ansehen.
Geliebte habe ich keine, noch besitze ich tüchtige Nachkommen.
Alles was in dieser Welt zählt, kann ich nicht mein Eigen nennen.
So bleibt mir die Poesie.
Doch auch sie zunichte
an jenem Tag,
an dem der Mondschein verblasst,
die Sonne verstirbt.

Linz, 19.2.2015

DER BLUMENWOLF

Ich bin vielmehr der Blumenwolf.
Doch in der Feigheit des Gefechts flüchte ich in den Wald
und quäle meine eigene Seele im Dickicht meiner unheilvollen Gedanken.
Blumenwölfe sind eine seltene Spezies und vom Aussterben bedroht.
Sie haben Albträume, in denen sie sich selbst ins Fell beißen,
am nächsten Tag schmieden sie einen Honigkuchen
aus süßen Worten.
Der Dichter ist bisweilen ein Blumenwolf.
Seine dräuenden Worte heulen in der Nacht des Weltenuntergangs,
im Märchenwald der Poesie vermag er dennoch kein Rotkäppchen zu finden.
Blumenwolf, wann wirst du zur Ruhe kommen?
Wann werden deine Zähne gewetzt, dein Gemüt blumig sein?
Wolf bin ich meiner selbst,
da blüht nichts mehr.

Linz, 30.3.2016

L'IMMAGINE DELLA DONNA IDEALE

Ich sah deine Hunde
und dachte blitzartig an dich.
Und tatsächlich, du warst dort, auf der Parkbank.
Deine zarten Gesichtszüge gestreichelt von pechschwarzem Haar
werden mir immer lieb und teuer sein.
Mit dir zu sprechen lässt mich ein Stück Paradies erahnen.
Dein feinfühliges und verständnisvolles Wesen
ist eine Wohltat für meine Seele.
Ich kann dir leider nicht viel bieten,
jedoch du für mich wirst immer sein und bleiben:
L'immagine della donna ideale.

Linz, 20.2.2016

DER REGEN FIEL

Der Regen fiel
und sie war fern.
Sie ist mir schon fast 32 Jahre lang fern.
Und ich habe überlebt.
Die Gemeinschaft mit ihr ist schön,
jedoch sie wird nicht für immer währen.
Sie ist nur eine Form, genauso wie ich
und alle Menschen.
Formen kommen und gehen,
das ganze Leben lang.
Zeit mit ihr zu verbringen ist schön,
doch ich bin mir gewahr, dass dies nicht permanent möglich ist,
dass alles Irdische endlich ist.
So suche ich nach meinem Selbst,
tief in meiner Seele
und lasse den Regen fallen,
bis zum Ende meiner Zeit.

Linz – Steyr, 17.4.2016

REICHE BLÜTE

Ich sitze im Zug,
die Landschaft zieht an mir vorbei:
Schöne Wiesen, reiche Blütenfelder, der Himmel blau, die Sonne flutet alles.
So viele Menschen sehe ich auf meinen Wegen.
Hoffen sie? Kämpfen sie? Lieben sie? Wie ich?
Ich bin am Weg zu einem treu ergebenen Leidensgenossen.
Ich weiß, dass er hofft und kämpft wie ich.
Ich wünschte ihm, dass er noch einmal lieben könnte, aus tiefster Seele.
In jenen Tagen waren meine Gedanken bei einer reichen Blüte,
mein Herz erfüllt von Blumenduft.

Linz, 10.2.2016

TROPPO BELLA

Lei è troppo bella.
Ed io mi ritrovo in un grand´incantesimo.
Mi addormento pieno di speranza
e in quei giorni solevo ascoltare canzoni amorose italiane.
Le sue labbra rosse mi fanno tremare il cuore.
I suoi capelli neri sono nobilissimi.
Questa nobildonna ha ammaliato la mia anima all´ improvviso.
E in quei giorni solevo ascoltare canzoni amorose italiane.
L´immagine ideale di una donna è apparsa davanti ai miei occhi,
mi ha rubato il fiato
e in quei giorni solevo ascoltare canzoni amorose italiane.

KURZBIOGRAPHIE DES AUTORS

Ich wurde 1984 in Steyr geboren und habe etwa im Alter von
16 Jahren begonnen zu dichten, wobei ich mein erstes Gedicht
über einen Obstgarten geschrieben habe, durch den ich als
Jugendlicher gewandert bin.

Ein interessantes Intermezzo war mein einjähriger Italienaufenthalt,
auf der Spur der großen italienischen Dichter, der Kunst und Geschichte
dieses einzigartigen Landes. Im Laufe dieses Italienaufenthaltes habe ich
auch einen längeren Kurs an der Universität für Ausländer in Perugia belegt.
Ich hatte dabei Fächer wie Klassische Literatur, Moderne Literatur, Theater,
Kunstgeschichte und Philosophie. Die Zeit in Italien war geprägt von
großer Inspiration für meine Dichtungen.

Zeitweilig studierte ich Italienisch und Geschichte an der Universität Salzburg.

„Der Blumenwolf" ist meine Erstveröffentlichung.

Gewidmet meinen Eltern, die mich sicheren Fußes durch
so manch tosenden Sturm meines Lebens trugen.
In Liebe denke ich ebenso an meine sehr geschätzten Brüder
und natürlich meine wertvolle Schwester.

Ein besonderer Dank gebührt all meinen treu ergebenen Freunden,
die mich begleiteten durch Berge und Täler dieses Daseins.